AF188021

Impressum
Verlag: BABADADA GmbH, Nedderfeld 112 , 22529 Hamburg
Geschäftsführer / Verlagsleitung: Harald Hof
Druck: Books on Demand GmbH, In de Tarpen 42, 22848 Norderstedt

Imprint
Publisher: BABADADA GmbH, Nedderfeld 112 , 22529 Hamburg, Germany
Managing Director / Publishing direction: Harald Hof
Print: Books on Demand GmbH, In de Tarpen 42, 22848 Norderstedt, Germany

mokykla

школа

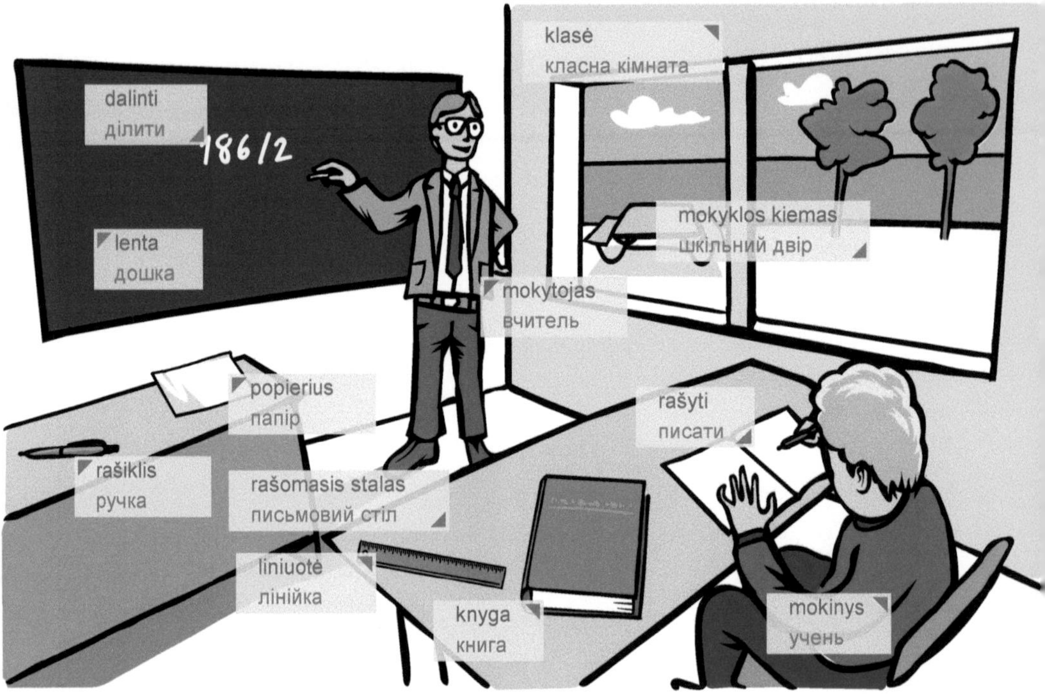
klasė
класна кімната
dalinti
ділити
186/2
lenta
дошка
mokyklos kiemas
шкільний двір
mokytojas
вчитель
popierius
папір
rašyti
писати
rašiklis
ручка
rašomasis stalas
письмовий стіл
liniuotė
лінійка
knyga
книга
mokinys
учень

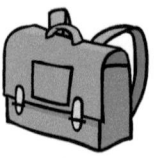

kuprinė

ранець

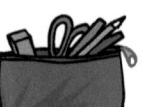

penalas

пенал

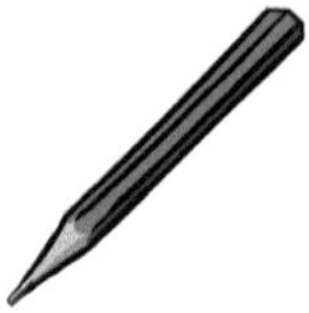

pieštukas

олівець

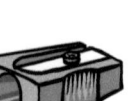

drožtukas

точило

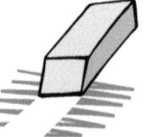

trintukas

гумка

piešimo bloknotas

альбом для малювання

piešinys

малюнок

teptukas

пензель

dažų dėžutė

коробка фарб

žirklės

ножиці

klijai

клей

vadovėlis

зошит

namų darbai

домашнє завдання

numeris

число

2+2

pridėti

додавати

5-2

atimti

віднімати

2×2

dauginti

множити

skaičiuoti

рахувати

raidė

літера

ABCDEFG
HIJKLMN
OPQRSTU
VWXYZ

abėcėlė

абетка

žodis

слово

tekstas

текст

skaityti

читати

kreida

крейда

pamoka

година

dienynas

класний журнал

egzaminas

екзамен

pažymėjimas

диплом

mokyklinė uniforma

шкільна форма

išsilavinimas

освіта

enciklopedija

лексикон

universitetas

університет

mikroskopas

мікроскоп

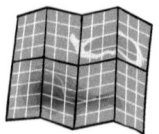

žemėlapis

карта

šiukšliadėžė

кошик для паперу

kelionė
подорож

viešbutis
готель
Grand
svečių namai
турбаза
ROOMS
CHANGE
valiutos keitykla
обмінний пункт
lagaminas
валіза
mašina
автомобіль

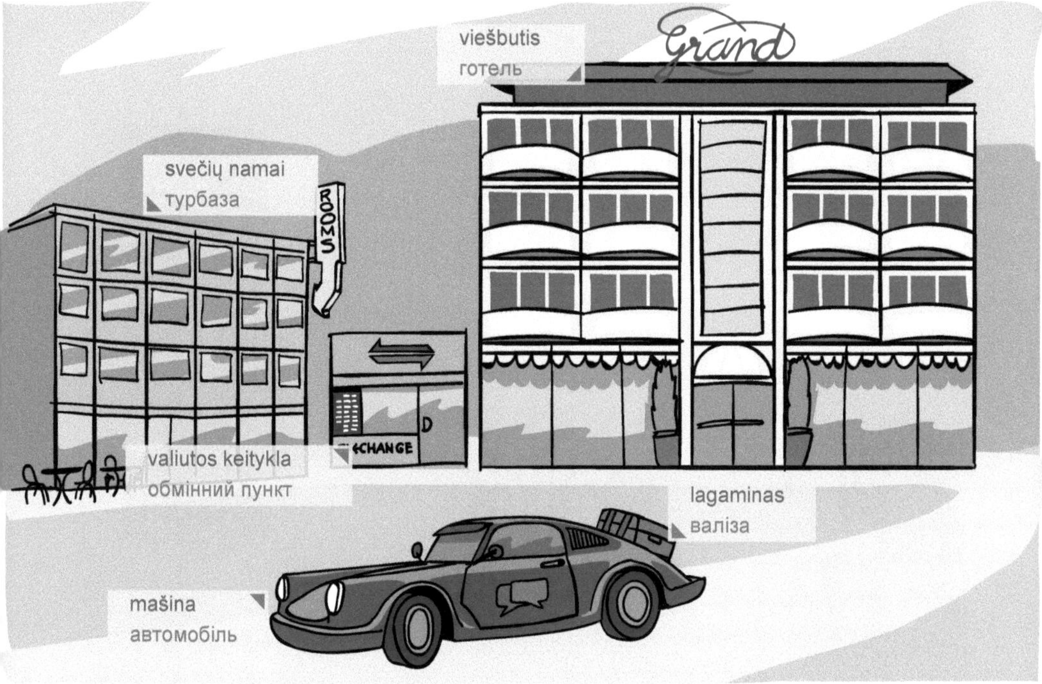

kalba
мова

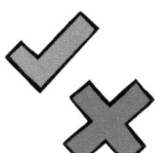

taip / ne
так / ні

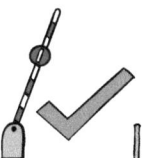

Gerai
добре

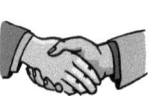

sveiki
привіт

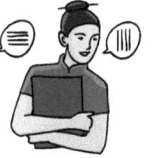

vertėjas raštu
перекладач

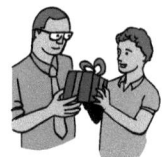

Ačiū
дякую

kiek kainuoja...?

Скільки коштує ...?

aš nesuprantu

Я не розумію

problema

проблема

Labas vakaras!

Добрий вечір!

Labas rytas!

Доброго ранку!

Labos nakties!

На добраніч!

viso gero

До побачення

kryptis

напрямок

bagažas

багаж

krepšys

сумка

kuprinė

рюкзак

svečias

гість

kambarys

кімната

miegmaišis

спальний мішок

palapinė

намет

turizmo informacija

туристична інформація

paplūdimys

пляж

kreditinė kortelė

кредитна картка

pusryčiai

сніданок

pietūs

обід

vakarienė

вечеря

bilietas

квиток

liftas

ліфт

pašto ženklas

поштова марка

siena

межа

muitinė

митниця

ambasada

посольство

viza

віза

pasas

паспорт

transportas
транспорт

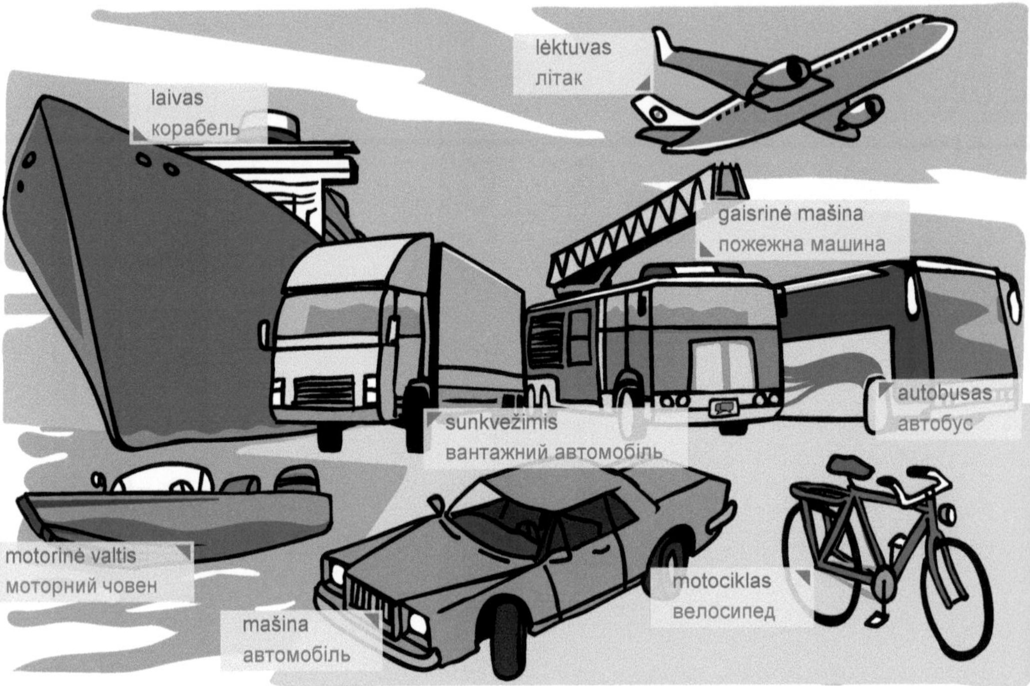
lėktuvas
літак
laivas
корабель
gaisrinė mašina
пожежна машина
autobusas
автобус
sunkvežimis
вантажний автомобіль
motorinė valtis
моторний човен
motociklas
велосипед
mašina
автомобіль

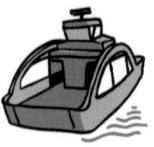

keltas

пором

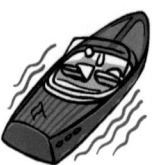

valtis

човен

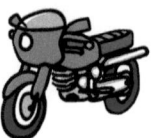

mopedas

мотоцикл

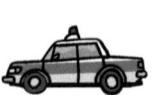

policijos automobilis

поліцейська машина

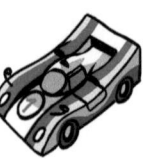

lenktyninis automobilis

гоночний автомобіль

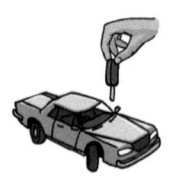

nuomojamas automobilis

автомобіль на прокат

bendras automobilio
naudojimas

спільне користування авто

techninės pagalbos
automobilis

евакуатор

šiukšliavežė

сміттєвоз

variklis

двигун

degalai

паливо

degalinė

автозаправна станція

kelio ženklas

дорожній знак

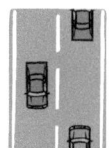

eismas

рух

eismo spūstis

затор

mašinų stovėjimo aikštelė

стоянка

traukinių stotis

вокзал

bėgiai

рейки

traukinys

потяг

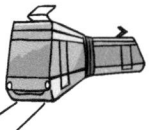

tramvajus

трамвай

vagonas

вагон

sraigtasparnis

гелікоптер

oro uostas

аеропорт

bokštas

вежа

keleivis

пасажир

konteineris

контейнер

dėžė

коробка

vežimėlis

візок

krepšys

кошик

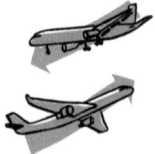

pakilti / nusileisti

стартувати / приземлятися

miestas

місто

kaimas

село

miesto centras

центр міста

namas

дім

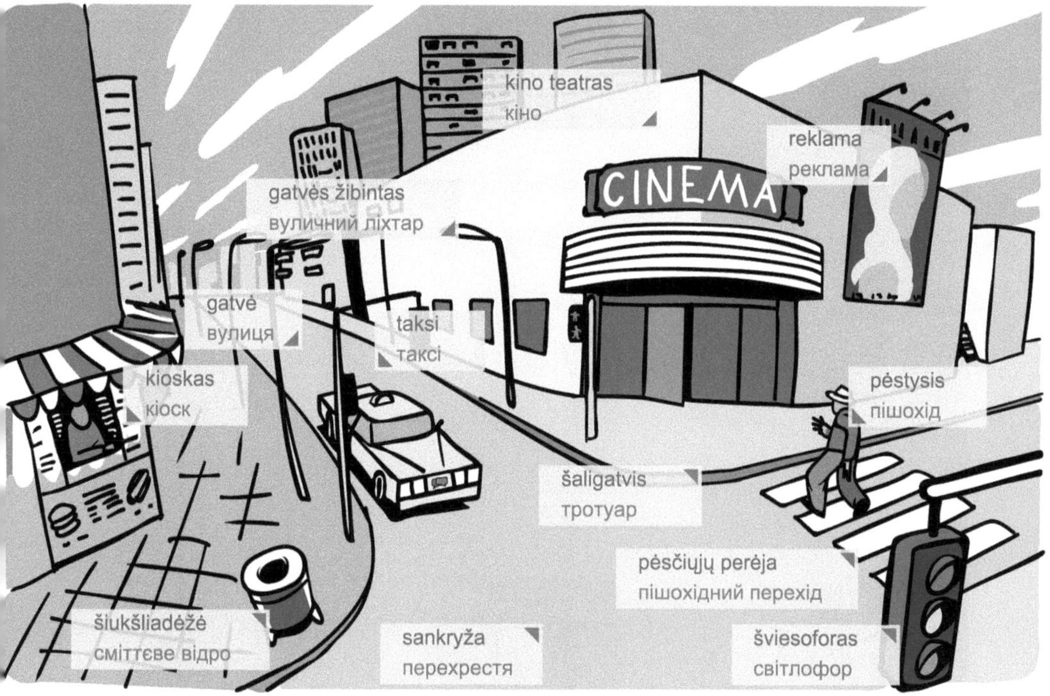

kino teatras
кіно

reklama
реклама

gatvės žibintas
вуличний ліхтар

gatvė
вулиця

taksi
таксі

kioskas
кіоск

pėstysis
пішохід

šaligatvis
тротуар

pėsčiųjų perėja
пішохідний перехід

šiukšliadėžė
сміттєве відро

sankryža
перехрестя

šviesoforas
світлофор

trobelė

хатина

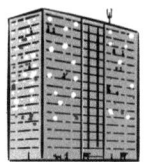

butas

квартира

traukinių stotis

вокзал

rotušė

ратуша

muziejus

музей

mokykla

школа

universitetas

університет

bankas

банк

ligoninė

лікарня

viešbutis

готель

vaistinė

аптека

biuras

офіс

knygynas

книжковий магазин

parduotuvė

магазин

gėlių parduotuvė

квітковий магазин

prekybos centras

супермаркет

turgus

ринок

universalinė parduotuvė

універмаг

žuvies parduotuvė

торговець рибою

prekybos centras

торговельний центр

uostas

гавань

parkas

парк

suoliukas

лава

tiltas

міст

laiptai

сходи

metro

метро

tunelis

тунель

autobusų stotelė

автобусна зупинка

baras

бар

restoranas

ресторан

lauko pašto dėžutė

поштова скринька

kelio ženklas

вулична табличка

parkomatas

лічильник паркування

zoologijos sodas

зоопарк

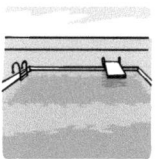

baseinas

басейн

mečetė

мечеть

ūkininko ūkis

ферма

tarša

забруднення навколишнього середовища

kapinės

кладовище

bažnyčia

церква

žaidimų aikštelė

дитячий майданчик

šventykla

храм

kraštovaizdis

ландшафт

lapas
листок

kelio rodyklė
вказівний стовп

kelias
шлях

pieva
луг

akmuo
камінь

ėjikas
мандрівник

medis
дерево

upė
річка

žolė
трава

gėlė
квітка

slėnis

долина

kalva

гора

ežeras

озеро

miškas

ліс

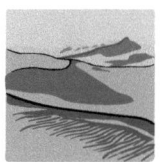

dykuma

пустеля

ugnikalnis

вулкан

pilis

замок

vaivorykštė

веселка

grybas

гриб

palmė

пальма

uodas

комар

musė

муха

skruzdėlė

мурашка

bitė

бджола

voras

павук

vabalas
жук

varlė
жаба

voverė
вивірка

ežys
їжак

kiškis
заєць

pelėda
сова

paukštis
птах

gulbė
лебідь

šernas
кабан

elnias
олень

briedis
лось

užtvanka
гребля

vėjo jėgainė
вітряк

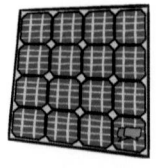

saulės baterija
сонячний модуль

klimatas
клімат

kraštovaizdis - ландшафт

padavėjas
офіціант

meniu
меню

kėdė
стілець

sriuba
суп

pica
піца

stalo įrankiai
столові прилади

staltiesė
скатертина

užkandis
закуска

pagrindinis patiekalas
друга страва

desertas
десерт

gėrimai
напої

maistas
їжа

butelis
пляшка

greitai pateikiamas maistas

....

фаст-фуд

gatvės maistas

....

вулична їжа

arbatinukas

....

чайник

cukrinė

....

цукорниця

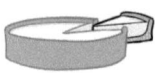

porcija

....

порція

espreso aparatas

еспресо-машина

aukšta kėdė

....

високий стільчик

sąskaita

....

рахунок

padėklas

....

піднос

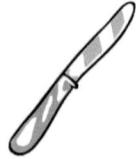

peilis

....

ніж

šakutė

....

вилка

šaukštas

....

ложка

arbatinis šaukštelis

....

чайна ложка

servetėlė

....

серветка

stiklinė

....

склянка

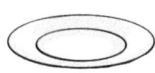

lėkštė

тарілка

sriubos lėkštė

тарілка для супу

padėklas

блюдце

padažas

соус

druskinė

солонка

pipirų malūnėlis

млин для перцю

actas

оцет

aliejus

масло

prieskoniai

спеції

kečupas

кетчуп

garstyčios

гірчиця

majonezas

майонез

prekybos centras

супермаркет

specialus pasiūlymas
пропозиція
FOR
pirkėjas
клієнт
pieno produktai
молочні продукти
vaisiai
фрукти
troleibusas
візок для покупок

BUTCHERS

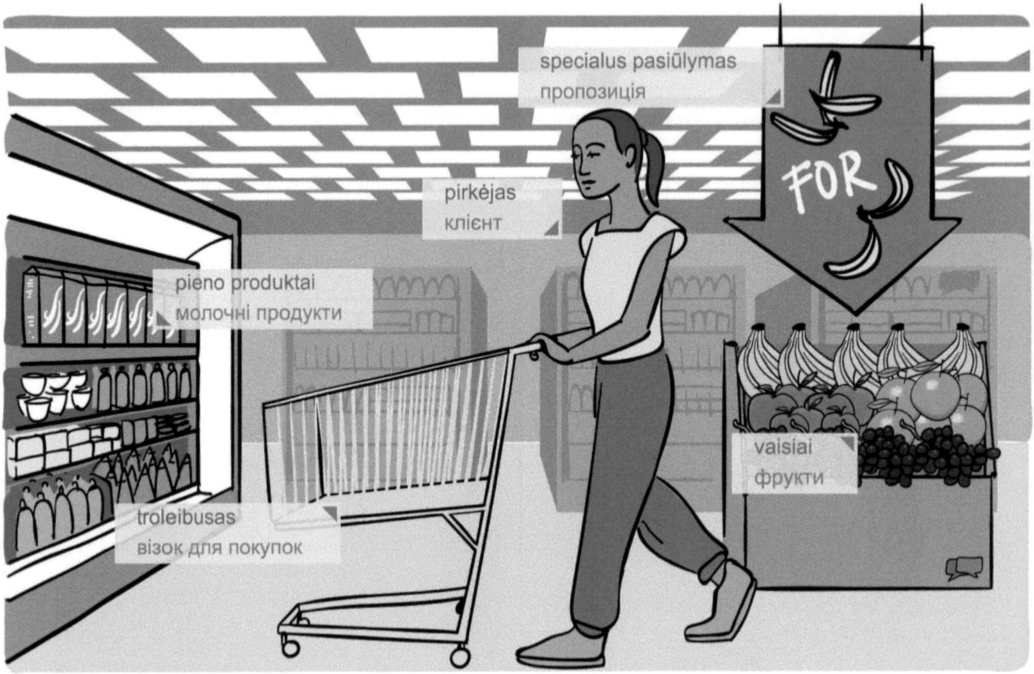

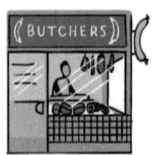

mėsos parduotuvė

м'ясний магазин

BAKERY

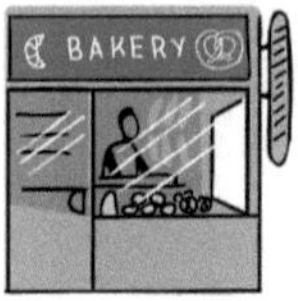

kepykla

пекарня

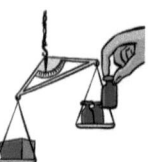

sverti

зважувати

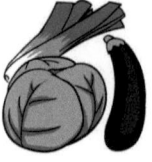

daržovės

овочі

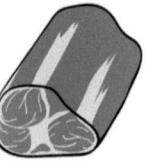

mėsa

м'ясо

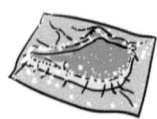

šaldytas maistas

заморожені продукти

šalti mėsos užkandžiai

ковбасна нарізка

konservai

консерви

skalbimo milteliai

пральний порошок

saldumynai

солодощі

ūkinės prekės

предмети домашнього побуту

valymo priemonės

мийний засіб

pardavėja

продавщиця

kasos aparatas

каса

kasininkas

касир

pirkinių sąrašas

список покупок

darbo valandos

часи роботи

piniginė

гаманець

kreditinė kortelė

кредитна картка

maišelis

сумка

plastikinis maišelis

поліетиленовий пакет

prekybos centras - супермаркет

vanduo

вода

sultys

сік

pienas

молоко

kola

кола

vynas

вино

alus

пиво

alkoholis

алкоголь

kakava

какао

arbata

чай

kava

кава

espresas

еспресо

kapučinas

капучіно

bananas

банан

obuolys

яблуко

apelsinas

апельсин

arbūzas

кавун

citrina

лимон

morka

морква

česnakas

часник

bambukas

бамбук

svogūnas

цибуля

grybas

гриб

riešutai

горішки

makaronai

локшина

spагečiai

спагеті

ryžiai

рис

salotos

салат

traškučiai

картопля фрі

keptos bulvės

смажена картопля

pica

піца

mėsainis

гамбургер

sumuštinis

бутерброд

pjausnys

шніцель

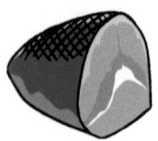

kumpis

шинка

saliamis

салямі

dešrelė

ковбаса

vištiena

курка

kepsnys

печеня

žuvis

риба

avižų dribsniai

вівсяні пластівці

dribsniai su priedais

мюслі

kukurūzų dribsniai

кукурудзяні пластівці

miltai

борошно

prancūziškasis ragelis

круасан

bandelė

булочка

duona

хліб

skrebutis

тостовий хліб

sausainiai

печиво

sviestas

масло

varškė

сир

tortas

пиріг

kiaušinis

яйце

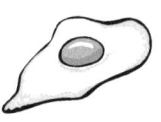

kiaušinienė

яєчня

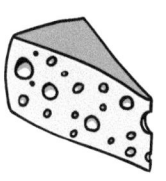

sūris

сир

ledai

морозиво

cukrus

цукор

medus

мед

uogienė

мармелад

tepamas šokoladas

нуга-крем

karis

карі

ūkininko ūkis
ферма

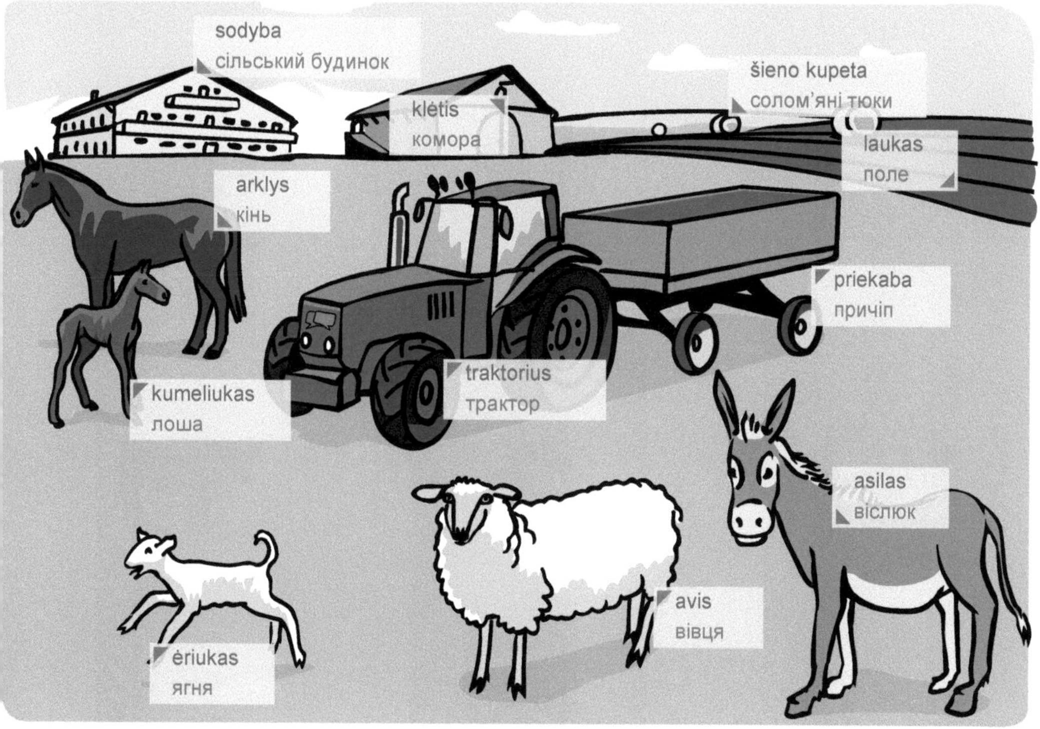

sodyba
сільський будинок
klėtis
комора
šieno kupeta
солом'яні тюки
laukas
поле
arklys
кінь
priekaba
причіп
traktorius
трактор
kumeliukas
лоша
asilas
віслюк
avis
вівця
ėriukas
ягня

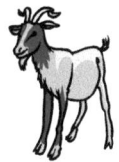

ožys
....
коза

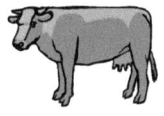

karvė
....
корова

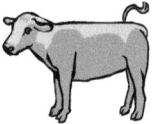

veršis
....
теля

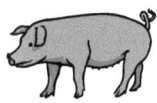

kiaulė
....
свиня

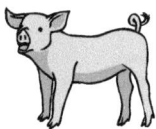

paršelis
....
порося

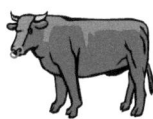

bulius
....
бик

žąsis

гусак

antis

качка

viščiukas

курча

višta

курка

gaidys

півень

žiurkė

щур

katė

кіт

pelė

миша

jautis

віл

šuo

собака

šuns būda

собача будка

sodo namas

садовий шланг

laistytuvas

лійка

dalgis

коса

plūgas

плуг

pjautuvas

серп

kauptukas

мотика

šakės

вила

kirvis

сокира

statinė

тачка

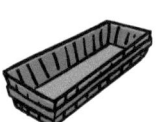

lovys

корито

bidonas

бідон молока

maišas

мішок

tvora

паркан

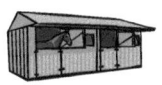

arklidė

хлів

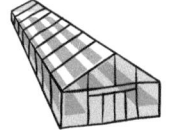

šiltnamis

теплиця

dirva

ґрунт

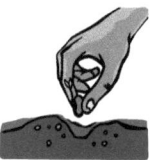

sėkla

насіння

trąšos

добриво

kombainas

комбайн

rinkti

пожинати

derlius

урожай

saldžiosios bulvės

корінь ямсу

kviečiai

пшениця

soja

соя

bulvė

картопля

kukurūzai

кукурудза

rapsai

ріпак

vaismedis

плодове дерево

manijokas

маніок

grūdai

злаки

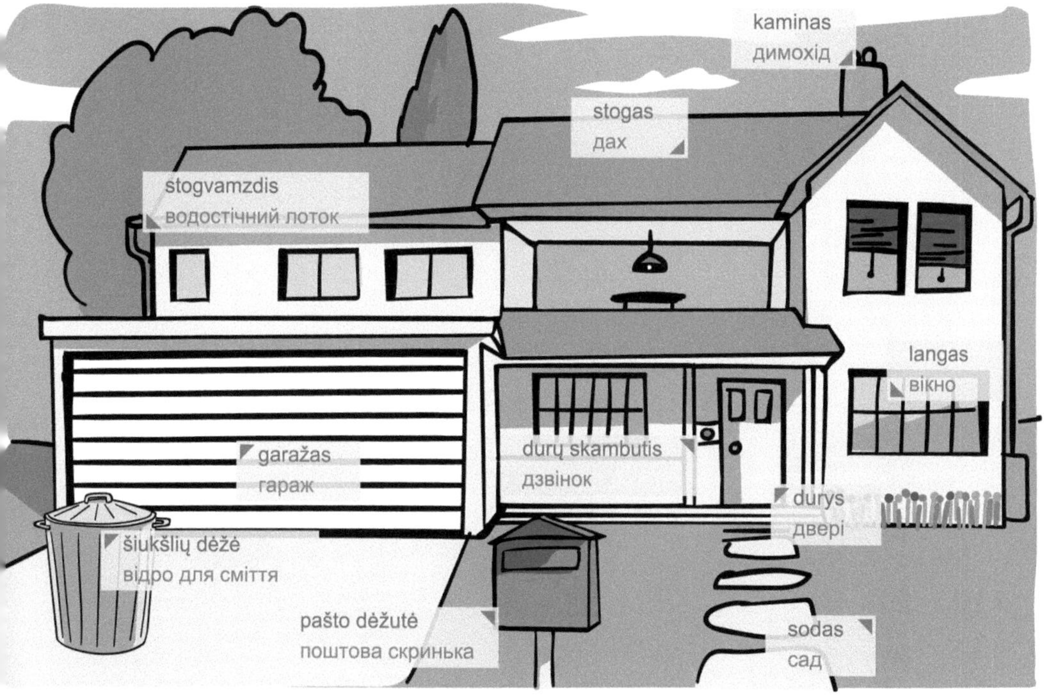

kaminas
димохід

stogas
дах

stogvamzdis
водостічний лоток

langas
вікно

garažas
гараж

durų skambutis
дзвінок

durys
двері

šiukšlių dėžė
відро для сміття

pašto dėžutė
поштова скринька

sodas
сад

svetainė

вітальня

vonios kambarys

ванна кімната

virtuvė

кухня

miegamasis

спальня

vaiko kambarys

дитяча кімната

valgomasis

їдальня

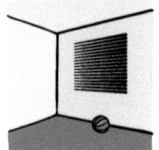

grindys

підлога

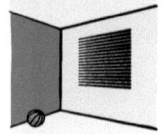

siena

стіна

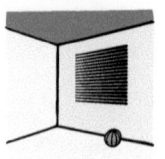

lubos

стеля

rūsys

підвал

sauna

сауна

balkonas

балкон

terasa

тераса

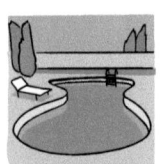

baseinas

басейн

žoliapjovė

косарка

paklodė

простирало

lovatiesė

ковдра

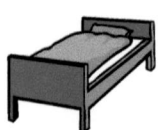

lova

ліжко

šluota

мітла

kibiras

відро

jungiklis

перемикач

svetainė

вітальня

tapetai
шпалери
nuotrauka
малюнок
šviestuvas
лампа
lentyna
поличка
spintelė
шафа
televizorius
телевізор
židinys
камін
gėlė
квітка
pagalvėlė
подушка
sofa
диван
vaza
ваза
nuotolinio valdymo pultelis
пульт

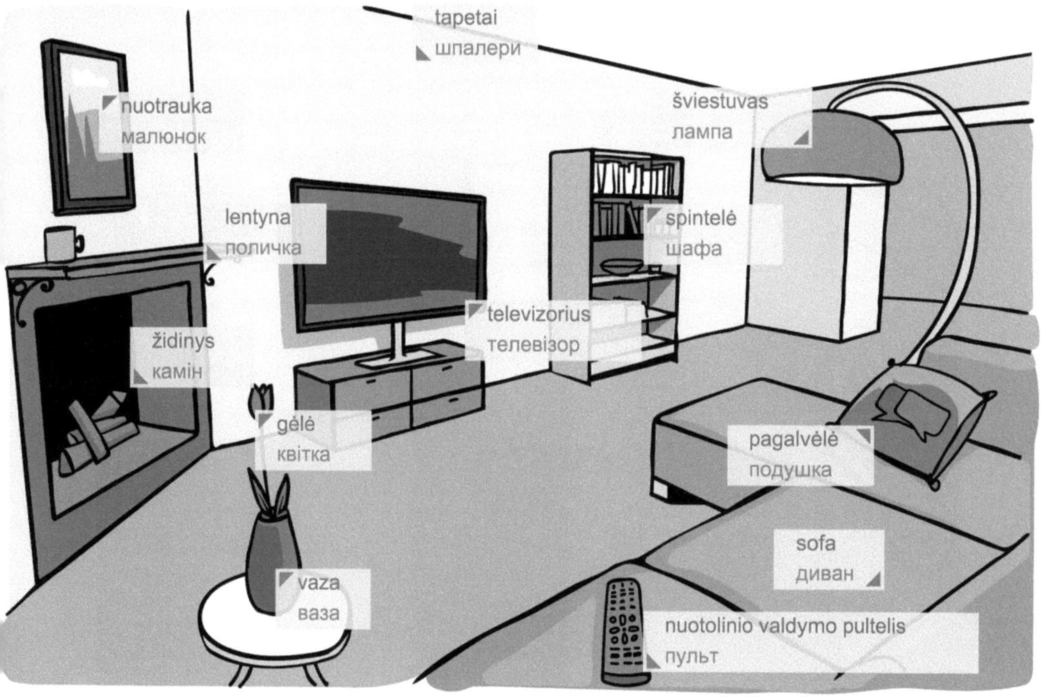

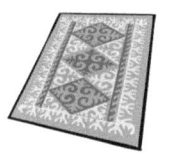

kilimas

килим

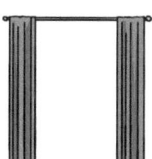

užuolaida

завіса

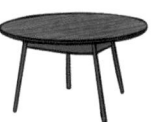

stalas

стіл

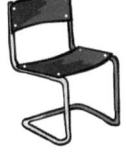

kėdė

стілець

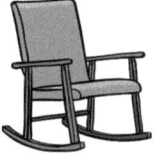

supamasis krėslas

крісло-гойдалка

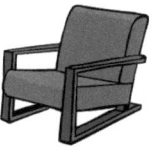

fotelis

крісло

knyga

книга

antklodė

ковдра

papuošimai

прикраса

malkos

дрова

filmas

фільм

stereo aparatūra

стереосистема

raktas

ключ

laikraštis

газета

paveikslas

картина

plakatas

плакат

radijas

радіо

užrašų knygelė

блокнот

dulkių siurblys

пилосос

kaktusas

кактус

žvakė

свічка

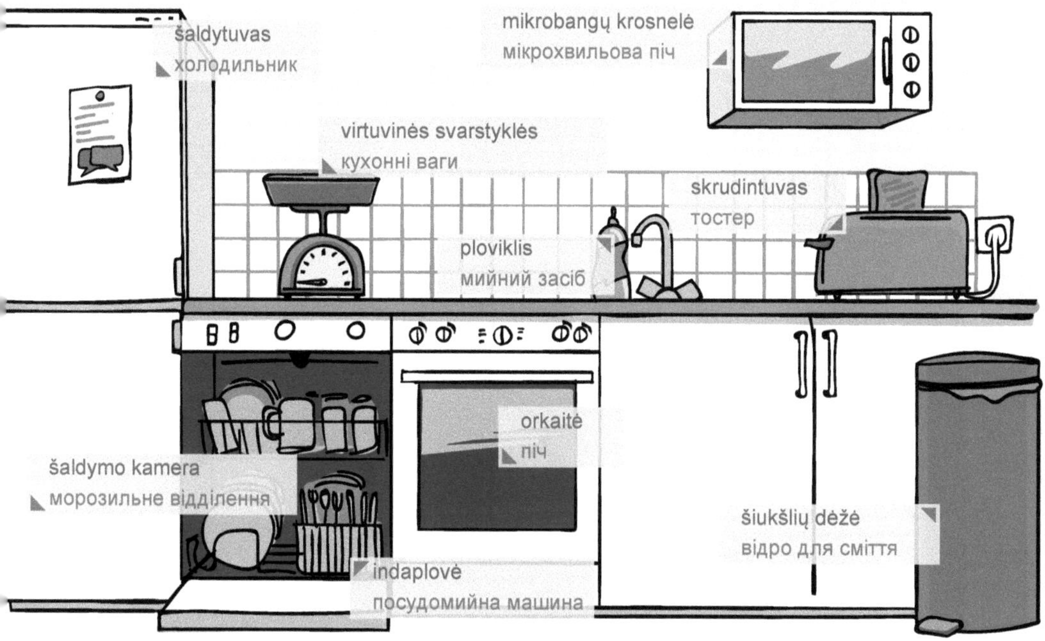

šaldytuvas
холодильник

mikrobangų krosnelė
мікрохвильова піч

virtuvinės svarstyklės
кухонні ваги

skrudintuvas
тостер

ploviklis
мийний засіб

orkaitė
піч

šaldymo kamera
морозильне відділення

šiukšlių dėžė
відро для сміття

indaplovė
посудомийна машина

viryklė
......
плита

puodas
......
горщик

ketaus puodas
......
чавунний горщик

„wok" keptuvė
......
вок / кадай

keptuvė
......
сковорода

virdulys
......
чайник

garų puodas

пароварка

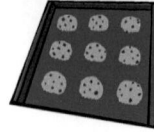

kepimo skarda

лист

porceliano indai

посуд

puodelis

кухоль

dubuo

чаша

valgomosios lazdelės

палички для їжі

samtis

черпак

mentelė

лопатка

plaktuvas

вінчик для збивання

koštuvas

сито

sietas

сито

trintuvė

терка

grūstuvė

ступка

kepsninė

барбекю

atvira liepsna

багаття

pjaustymo lentelė

дошка

kočėlas

качалка

kamščiatraukis

штопор

skardinė

конзерва

skardinių atidarytuvas

відкривачка

puodkėlė

прихватки

kriauklė

раковина

šepetys

щітка

kempinė

губка

trintuvas

міксер

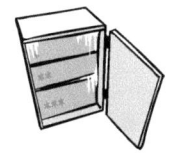

šaldiklis

морозильна камера

kūdikių buteliukas

дитяча пляшка

čiaupas

кран

vonios kambarys

ванна кімната

dušas
душ
šildymas
опалення
rankšluostis
рушник
dušo užuolaidos
душова завіса
vonios putos
пiниста ванна
vonia
ванна
stiklinė
склянка
skalbimo mašina
пральна машина
čiaupas
кран
plytelės
плитка
naktinis puodukas
горшок
kriauklė
раковина

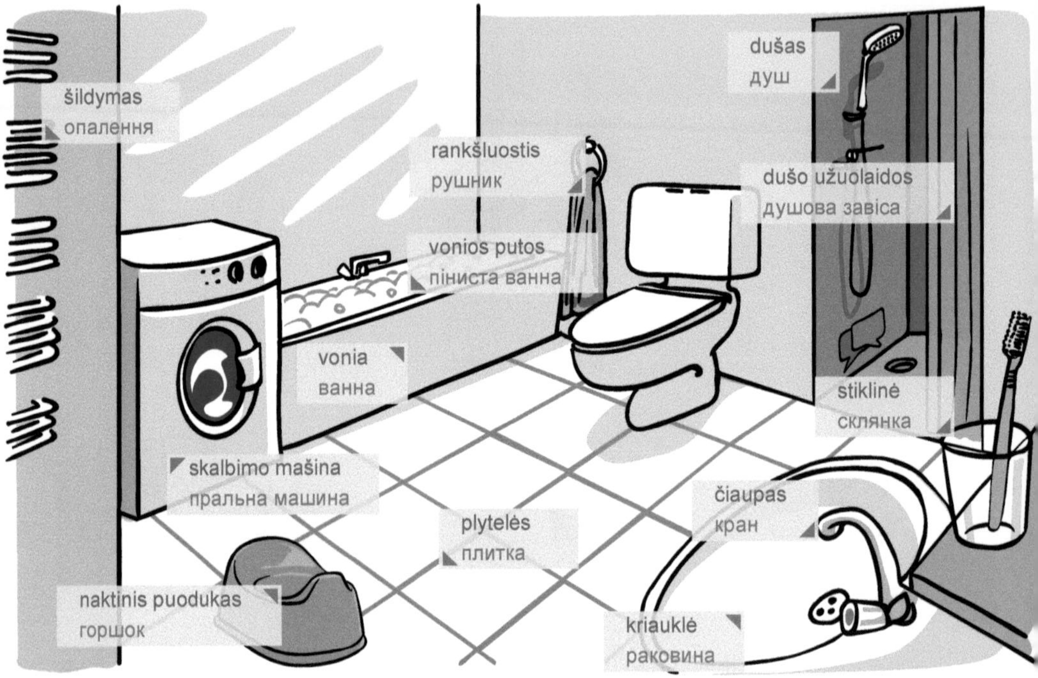

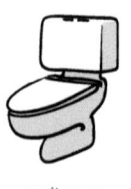

unitazas

туалет

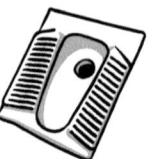

tupimasis unitazas

підлоговий туалет

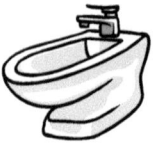

bidė

біде

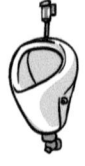

pisuaras

пісуар

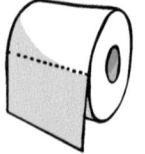

tualetinis popierius

туалетний папір

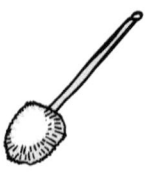

unitazo šepetys

щітка для туалету

dantų šepetėlis

зубна щітка

dantų pasta

зубна паста

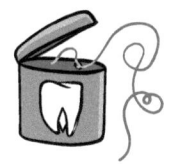

dantų siūlas

нитка для чищення зубів

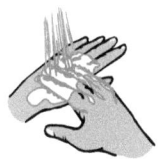

plauti

мити

dušo galvutė

ручний душ

higieninis dušas

інтимний душ

praustuvas

таз

nugaros plaušinė

щітка для спини

muilas

мило

dušo želė

гель для душу

šampūnas

шампунь

plaušinė

мочалка

kanalizacija

водостік

kremas

крем

dezodorantas

дезодорант

veidrodis

дзеркало

veidrodėlis

косметичне дзеркало

skustuvas

бритва

skutimosi putos

піна для гоління

losjonas po skutimosi

лосьйон після гоління

šukos

гребінь

šepetys

щітка

plaukų džiovintuvas

фен

plaukų lakas

лак для волосся

makiažas

косметика

lūpdažis

губна помада

nagų lakas

лак для нігтів

vata

вата

žirklutės nagams

ножиці для нігтів

kvepalai

парфум

vonios kambarys - ванна кімната

maišelis skalbiniams

косметичка

taburetė

табурет

svarstyklės

ваги

chalatas

халат

guminės pirštinės

гумові рукавички

tamponas

тампон

higieninis įklotas

гігієнічні прокладки

biotualetas

біотуалет

vaiko kambarys

дитяча кімната

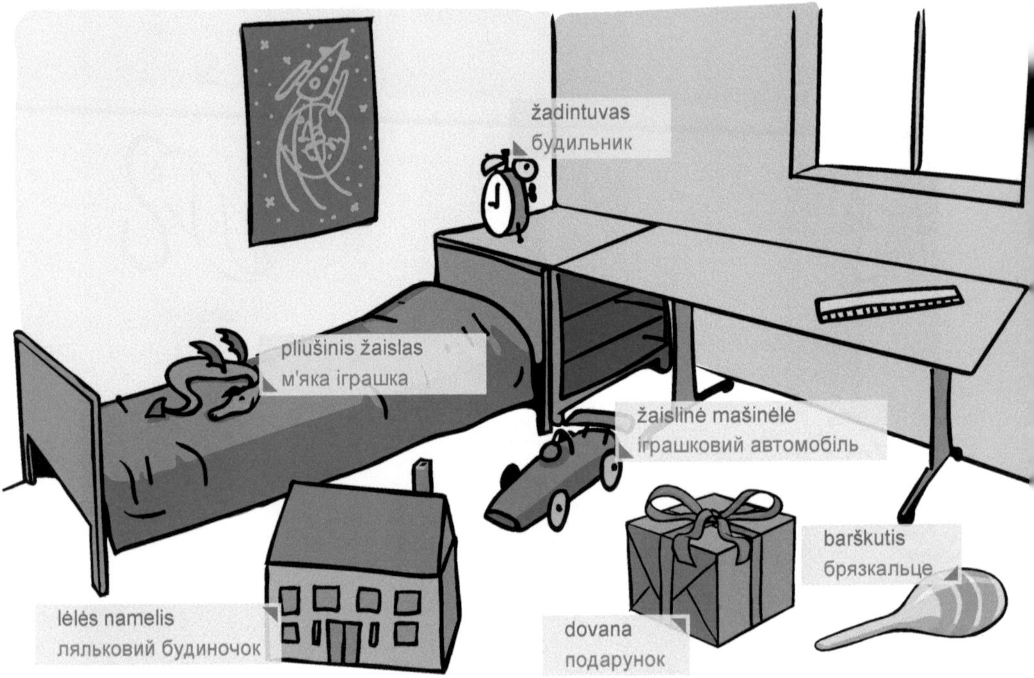
žadintuvas
будильник
pliušinis žaislas
м'яка іграшка
žaislinė mašinėlė
іграшковий автомобіль
barškutis
брязкальце
lėlės namelis
ляльковий будиночок
dovana
подарунок

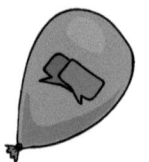

balionas

повітряна кулька

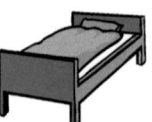

lova

ліжко

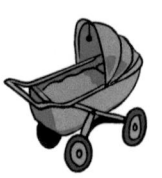

vaikiškas vežimėlis

дитячий візок

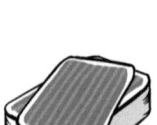

kortų malka

картярська гра

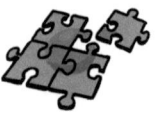

delionė

пазл

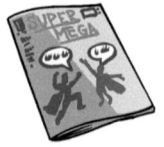

komiksai

комікс

lego kaladėlės

лего цеглинки

žaislinės kaladėlės

блоки

figūrėlė

іграшкова фігурка

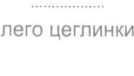

šliaužtinukai

повзунки

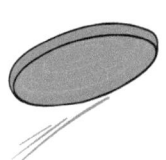

mėtymo lėkštė

фризбі

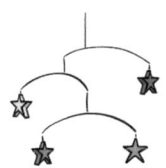

karuselė

мобіле

stalo žaidimas

настільна гра

kauliukai

кубик

žaislinis traukinys

модель залізнична станція

žindukas

соска

vakarėlis

вечірка

paveiksliukų knygelė

книжка з картинками

kamuolys

м'яч

lėlė

лялька

žaisti

грати

smėlio dėžė

пісочниця

sūpynės

гойдалка

žaislai

іграшка

žaidimų konsolė

гральна консоль

triratukas

триколісний велосипед

meškiukas

плюшевий мішка

drabužių spinta

шафа

drabužis

одяг

kojinės

шкарпетки

kojinės virš kelių

панчохи

pėdkelnės

колготки

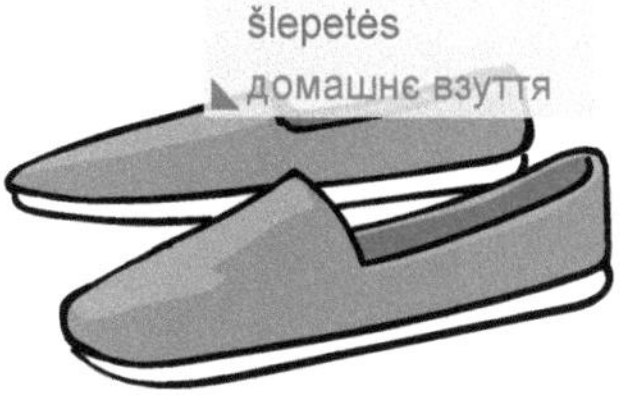

šalikas
шарф

skėtis
парасоля

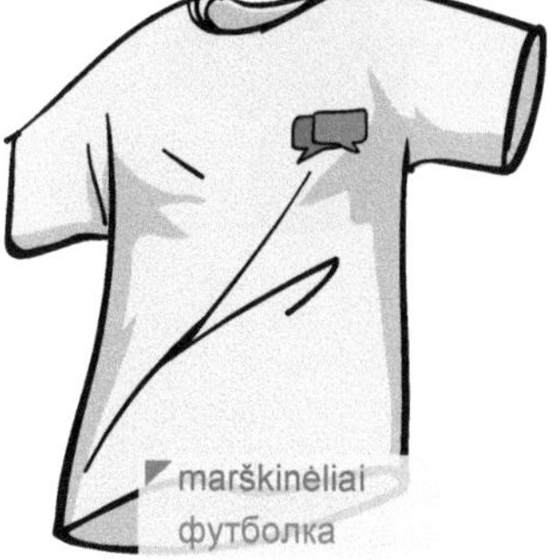

diržas
ремінь

marškinėliai
футболка

sportbačiai
кросівки

ilgaauliai batai
чоботи

šlepetės
домашнє взуття

sandalai

сандалі

batai

взуття

guminiai batai

гумові чоботи

trumpikės

труси

liemenėlė

бюстгальтер

liemenė

нижня сорочка

glaustinukė

боді

kelnės

штани

džinsai

джинси

sijonas

спідниця

palaidinė

блузка

marškiniai

сорочка

megztinis

пуловер

megztinis su gobtuvu

светр

švarkelis

піджак

švarkas

куртка

paltas

пальто

lietpaltis

дощовик

kostiumas

костюм

suknelė

сукня

vestuvinė suknelė

весільна сукня

kostiumas

костюм

naktiniai marškiniai

нічна сорочка

pižama

піжама

saris

сарі

skarelė

головна хустка

tiurbanas

чалма

burka

бурка

kaftanas

кафтан

abaja

абая

maudymosi kostiumėlis

купальник

glaudės

плавки

šortai

шорти

sportinis kostiumas

тренувальний костюм

prijuostė

фартух

pirštinės

рукавички

saga

гудзик

akiniai

окуляри

apyrankė

браслет

vėrinys

ланцюг

žiedas

кільце

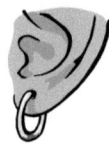

auskaras

сережка

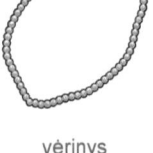

kepurė

шапка

pakabas

плічка

skrybėlė

капелюх

kaklaraištis

краватка

užtrauktukas

застібка-блискавка

šalmas

шолом

breketai

підтяжки

mokyklinė uniforma

шкільна форма

uniforma

уніформа

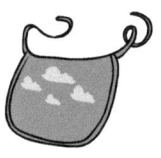

seilinukas

нагрудник

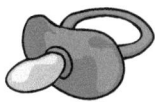

žindukas

соска

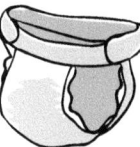

vystyklai

підгузок

biuras

офіс

serveris
сервер
dokumentų spinta
шаф для документів
spausdintuvas
принтер
popierius
папір
vaizduoklis
монітор
rašomasis stalas
письмовий стіл
pelė
миша
aplankas
папка
klaviatūra
синтезатор
šiukšliadėžė
кошик для паперу
kompiuteris
комп'ютер
kėdė
стілець

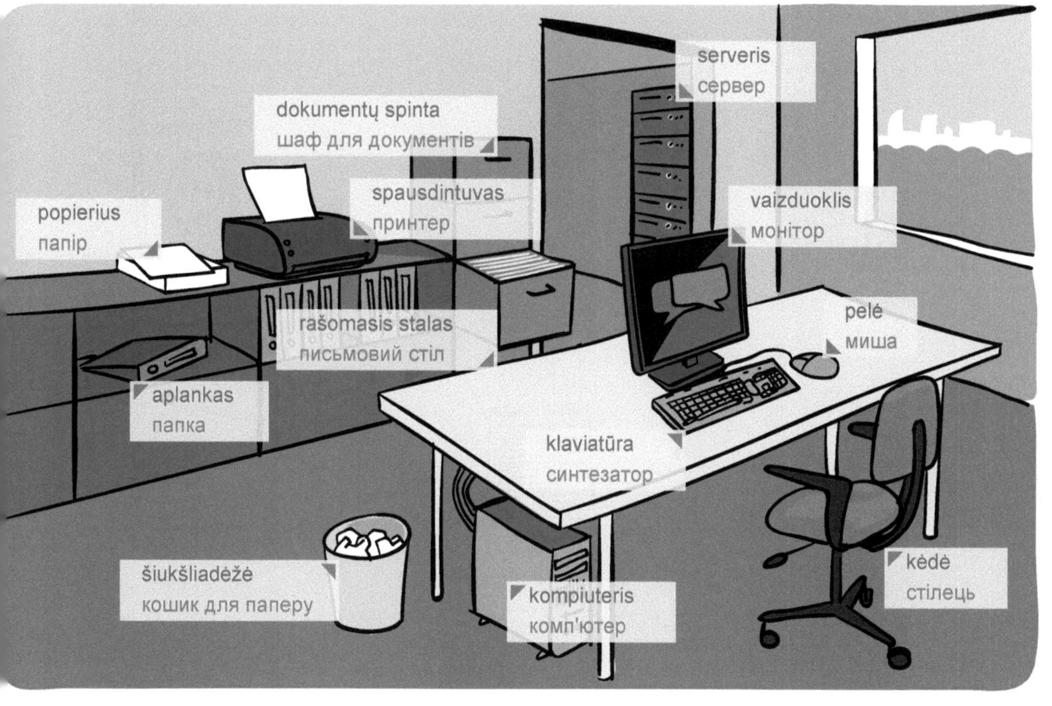

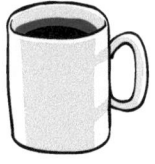

kavos puodelis

кавовий кухоль

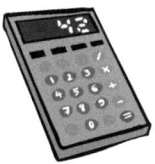

kalkuliatorius

калькулятор

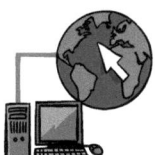

internetas

інтернет

nešiojamasis kompiuteris

ноутбук

laiškas

лист

žinutė

повідомлення

mobilusis telefonas

мобільний телефон

tinklas

мережа

fotokopijavimo aparatas

копіювальний пристрій

programinė įranga

програмне забезпечення

telefonas

телефон

kištukinis lizdas

розетка

faksas

факс

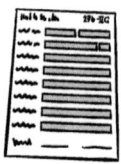

forma

бланк

dokumentas

документ

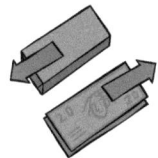

pirkti
купувати

mokėti
платити

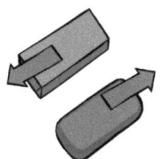

prekiauti
торгувати

pinigai
гроші

USD

doleris
долар

EUR

euras
євро

JPY

jena
ієна

RUB

rublis
рубль

CHF

Šveicarijos frankas
франк

CNY

juanis
юанів женьміньбі

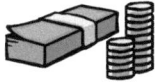

INR

rupija
рупія

bankomatas
банкомат

valiutos keitykla

обмінний пункт

auksas

золото

sidabras

срібло

nafta

нафта

energija

енергія

kaina

ціна

sutartis

контракт

mokestis

податок

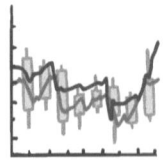

akcijos

акція

dirbti

працювати

darbuotojas

працівник

darbdavys

роботодавець

gamykla

фабрика

parduotuvė

магазин

policininkas
поліцейський

ugniagesys
пожежник

virėjas
повар

gydytojas
лікар

lakūnas
пілот

sodininkas

садівник

stalius

столяр

siuvėja

швачка

teisėjas

суддя

chemikas

хімік

aktorius

актор

autobuso vairuotojas

водій автобуса

taksi vairuotojas

таксист

žvejys

рибалка

valytoja

прибиральниця

stogdengys

покрівельник

padavėjas

офіціант

medžiotojas

мисливець

dailininkas

художник

kepėjas

пекар

elektrikas

електрик

statybininkas

будівельник

inžinierius

інженер

mėsininkas

забійник

santechnikas

бляхар

paštininkas

листоноша

kareivis

солдат

architektas

архітектор

kasininkas

касир

gėlininkas

флорист

kirpėjas

перукар

konduktorius

кондуктор

mechanikas

механік

kapitonas

капітан

odontologas

дантист

mokslininkas

вчений

rabinas

рабин

imamas

імам

vienuolis

монах

kunigas

пастор

įrankiai
інструменти

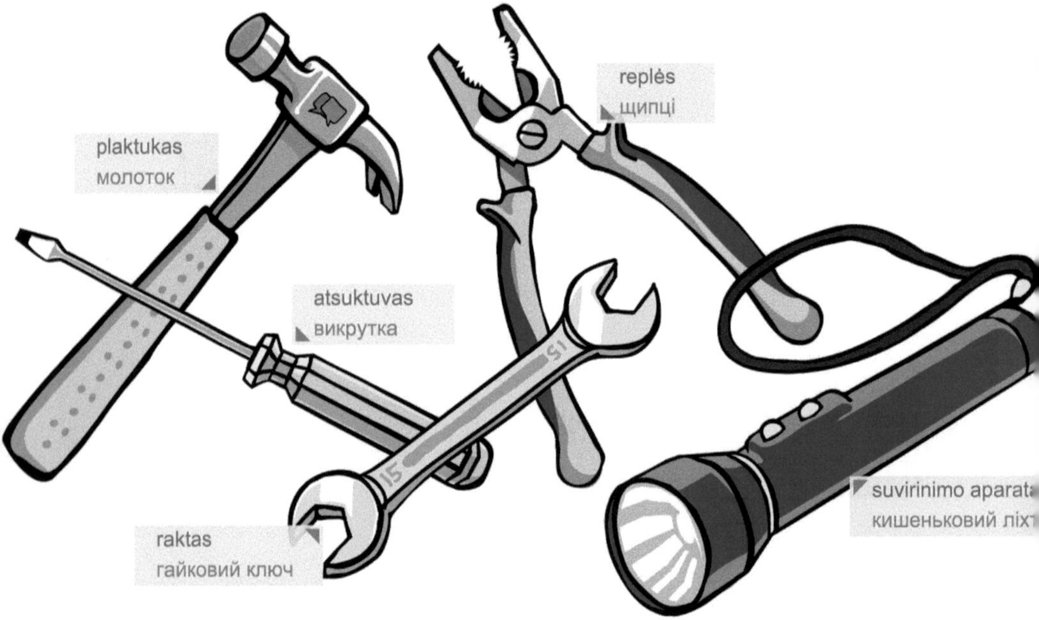

replės
щипці
plaktukas
молоток
atsuktuvas
викрутка
raktas
гайковий ключ
suvirinimo aparat
кишеньковий ліх

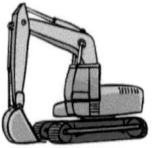

ekskavatorius

екскаватор

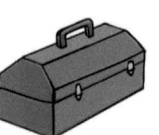

įrankių dėžė

ящик для інструментів

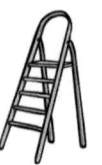

kopėčios

драбина

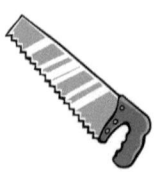

pjūklas

пилка

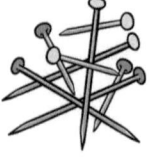

vinys

цвяхи

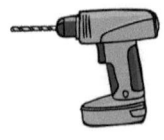

grąžtas

свердло

taisyti

ремонтувати

kastuvas

лопата

Velniava!

лайно!

semtuvėlis

совок

dažų skardinė

відро з фарбою

varžtai

гвинти

muzikos instrumentai
музичні інструменти

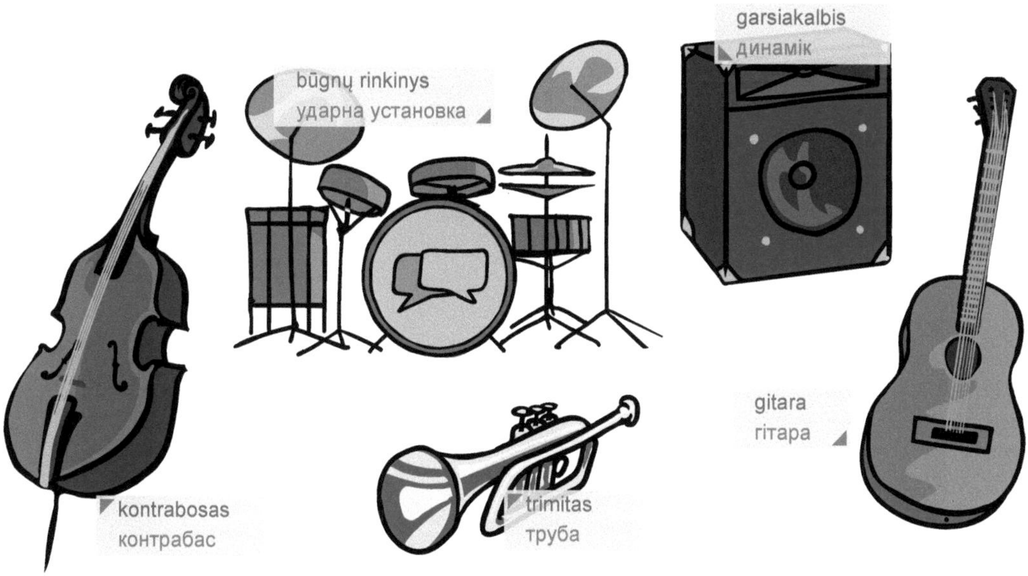

garsiakalbis
динамік

būgnų rinkinys
ударна установка

gitara
гітара

kontrabosas
контрабас

trimitas
труба

pianinas

фортепіано

smuikas

скрипка

bosinė gitara

бас

timpanas

литаври

būgnai

барабан

sintezatorius

клавіатура

saksofonas

саксофон

fleita

флейта

mikrofonas

мікрофон

zoologijos sodas

зоопарк

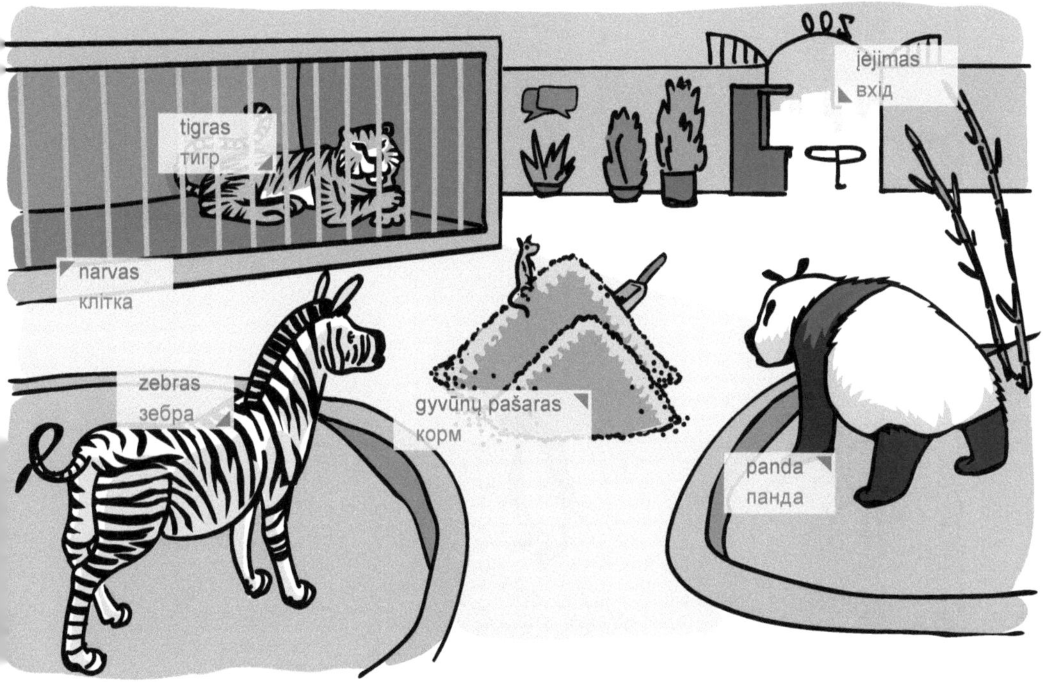

zoo
įėjimas
вхід
tigras
тигр
narvas
клітка
zebras
зебра
gyvūnų pašaras
корм
panda
панда

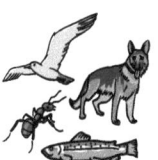

gyvūnai

тварини

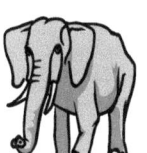

dramblys

слон

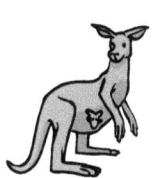

kengūra

кенгуру

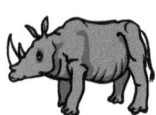

raganosis

носоріг

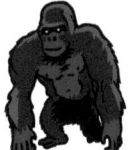

gorila

горила

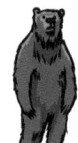

meška

ведмідь

kupranugaris

верблюд

strutis

страус

liūtas

лев

beždžionė

мавпа

flamingas

фламінго

papūga

папуга

baltoji meška

білий ведмідь

pingvinas

пінгвін

ryklys

акула

povas

павич

gyvatė

змія

krokodilas

крокодил

zoologijos sodo prižiūrėtojas

працівник зоопарку

ruonis

тюлень

jaguaras

ягуар

ponis

поні

leopardas

леопард

begemotas

гіпопотам

žirafa

жираф

erelis

орел

šernas

кабан

žuvis

риба

vėžlys

черепаха

vėplys

морж

lapė

лисиця

gazelė

газель

amerikietiškas futbolas
американський футбол

dviračių sportas
їзда на велосипеді

tenisas
теніс

krepšinis
баскетбол

plaukimas
плавання

boksas
бокс

ledo ritulys
хокей

futbolas
футбол

badmintonas
бадмінтон

atletika
легка атлетика

rankinis
гандбол

slidinėjimas
лижні перегони

polas
поло

šokinėti
стрибати

apkabinti
обіймати

juoktis
сміятися

vaikščioti
йти

dainuoti
співати

svajoti
мріяти

melstis
молитися

bučiuoti
цілувати

rašyti
писати

piešti
малювати

rodyti
показувати

stumti
тиснути

duoti
давати

imti
брати

turėti

мати

daryti

робити

būti

бути

stovėti

стояти

bėgti

бігати

traukti

тягнути

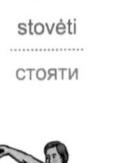

mesti

кидати

kristi

падати

meluoti

лежати

laukti

очікувати

nešti

носити

sėdėti

сидіти

rengtis

одягати

miegoti

спати

pabusti

просипатися

žiūrėti

дивитися

verkti

плакати

glostyti

гладити

šukuoti

розчісувати

kalbėti

розмовляти

suprasti

розуміти

paklausti

питати

klausytis

слухати

gerti

пити

valgyti

їсти

tvarkytis

прибирати

mylėti

любити

gaminti

варити

vairuoti

їхати

skristi

літати

buriuoti

йти під вітрилом

skaičiuoti

рахувати

skaityti

читати

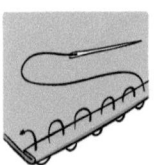

mokytis

вчитися

dirbti

працювати

vesti

одружуватися

siūti

шити

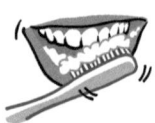

valytis dantis

чистити зуби

žudyti

убивати

rūkyti

курити

siųsti

посилати

senelė
бабуся

senelis
дідусь

tėvas
батько

motina
мати

kūdikis
немовля

dukra
донька

sūnus
син

svečias

гість

teta

тітка

dėdė

дядько

brolis

брат

sesuo

сестра

kūnas

тіло

kakta
чоло
akis
око
petys
плече
pirštas
палець
veidas
обличчя
smakras
підборіддя
plaštaka
кисть
koja
нога
krūtinė
груди
ranka
рука

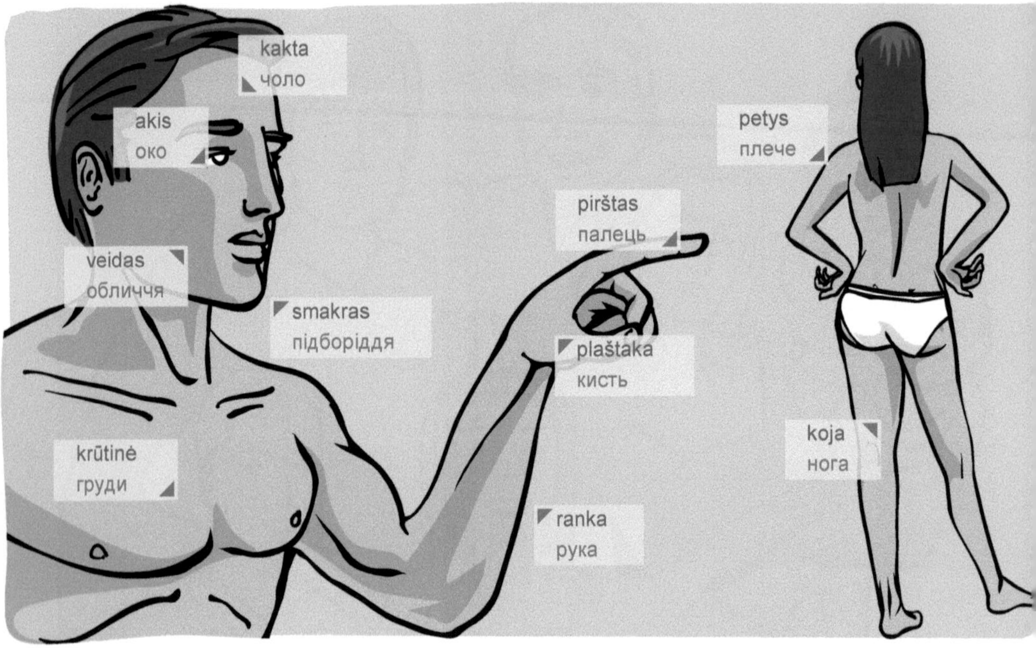

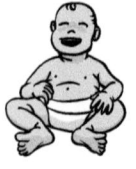

kūdikis

немовля

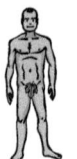

vyras

чоловік

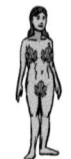

moteris

жінка

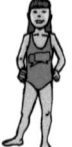

mergaitė

дівчина

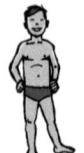

berniukas

хлопчик

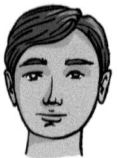

galva

голова

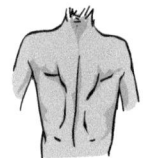

nugara

спина

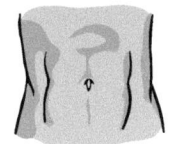

pilvas

живіт

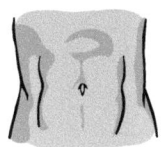

bamba

пуп

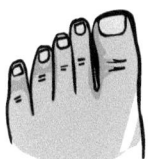

kojos pirštas

палець ноги

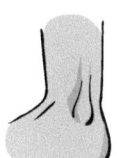

kulnas

п'ята

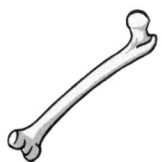

kaulas

кістка

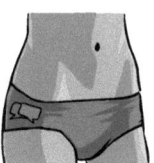

klubas

стегно

kelis

коліно

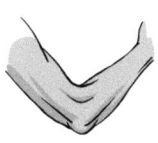

alkūnė

лікоть

nosis

ніс

sėdmenys

сідниці

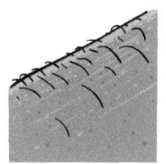

oda

шкіра

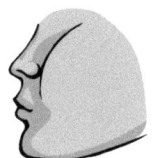

skruostas

щока

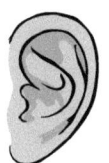

ausis

вухо

lūpa

губа

kūnas - тіло

burna

рот

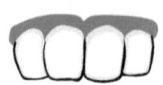

dantis

зуб

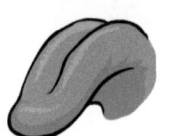

liežuvis

язик

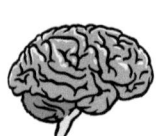

smegenys

мозок

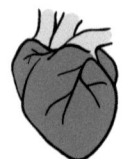

širdis

серце

raumuo

м'яз

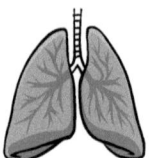

plaučiai

легені

kepenys

печінка

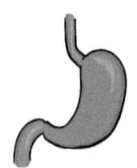

skrandis

шлунок

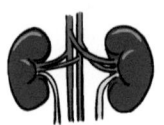

inkstai

нирки

seksas

статевий акт

prezervatyvas

презерватив

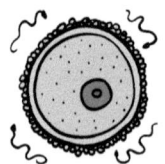

kiaušialąstė

яйцеклітина

sperma

сперма

nėštumas

вагітність

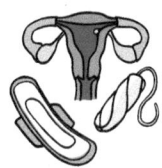

menstruacijos

менструація

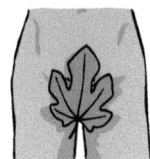

makštis

вагіна

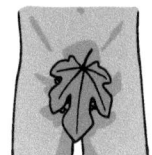

varpa

пеніс

antakis

брова

plaukai

волосся

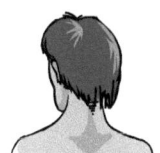

kaklas

шия

ligoninė
лікарня

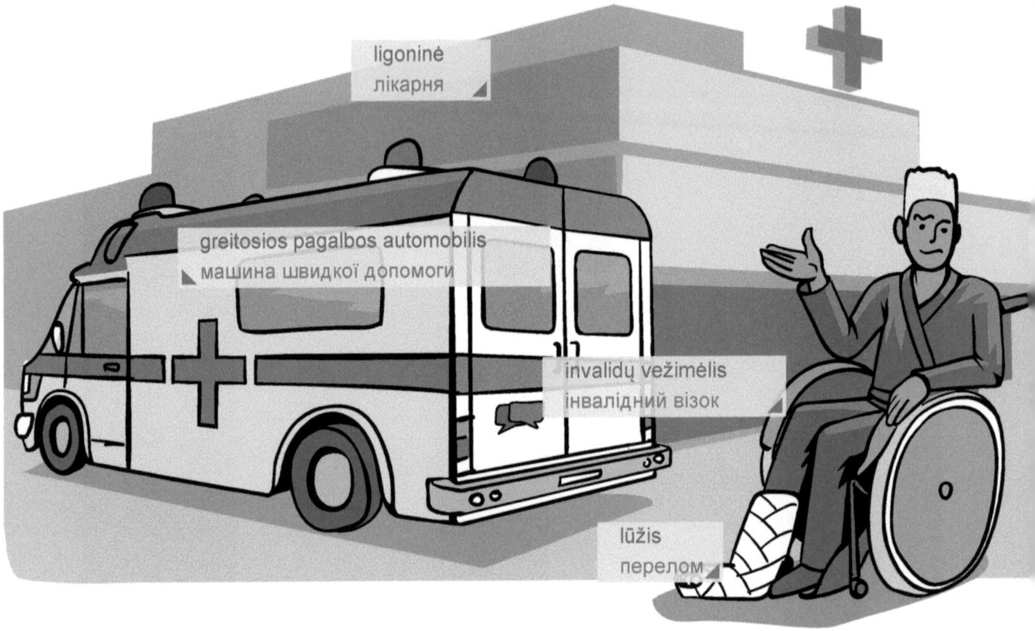

ligoninė
лікарня
greitosios pagalbos automobilis
машина швидкої допомоги
invalidų vežimėlis
інвалідний візок
lūžis
перелом

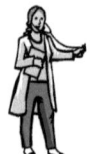

gydytojas

лікар

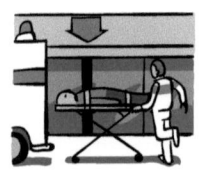

skubios pagalbos skyrius

відділення швидкої медичної допомоги

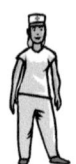

slaugytoja

медсестра

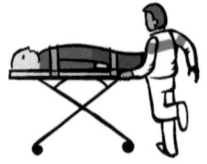

nelaimingas atsitikimas

аварійний випадок

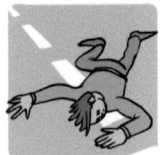

be sąmonės

непритомний

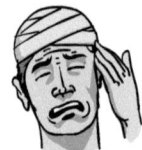

skausmas

біль

sužalojimas

травма

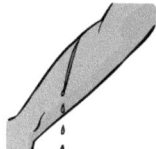

kraujavimas

кровотеча

širdies smūgis

інфаркт

insultas

інсульт

alergija

алергія

kosulys

кашель

karščiavimas

лихоманка

gripas

грип

viduriavimas

пронос

galvos skausmas

головна біль

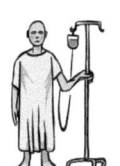

vėžys

рак

diabetas

діабет

chirurgas

хірург

skalpelis

скальпель

operacija

операція

KT

KT

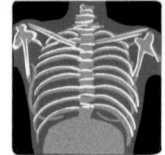

rentgenas

рентген

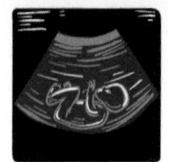

ultragarsas

ультразвук

veido kaukė

маска

liga

хвороба

laukiamasis

зал очікування

ramentas

милиця

gipsas

пластир

tvarstis

пов'язка

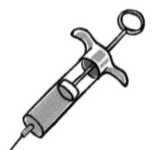

injekcija

ін'єкція

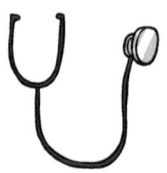

stetoskopas

стетоскоп

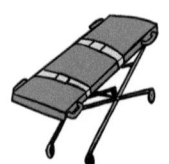

neštuvai

ноші

termometras

термометр

gimimas

народження

antsvoris

надмірна вага

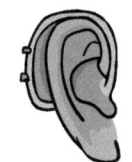

klausos aparatas

слуховий апарат

dezinfekavimo priemonė

дезінфікуючий засіб

infekcija

інфекція

virusas

вірус

ŽIV / AIDS

ВІЛ / СНІД

vaistas

медицина

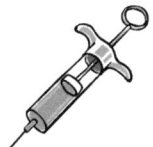

skiepijimas

вакцинація

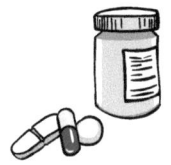

tabletės

таблетки

piliulė

протизаплідна пігулка

skubios pagalbos numeris

екстрений виклик

kraujospūdžio matuoklis

тонометр

ligotas / sveikas

хворий / здоровий

Padėkite!

Допоможіть!

pavojaus signalas

сигнал тривоги

užpuolimas

напад

ataka

атака

pavojus

небезпека

avarinis išėjimas

аварійний вихід

Gaisras!

Вогонь!

gesintuvas

вогнегасник

nelaimingas atsitikimas

аварія

pirmosios pagalbos rinkinys

аптечка

SOS

СОС

policija

поліція

Europa

Європа

Šiaurės Amerika

Північна Америка

Pietų Amerika

Південна Америка

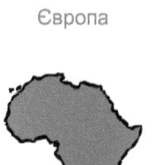

Afrika

Африка

Azija

Азія

Australija

Австралія

Atlanto vandenynas

Атлантика

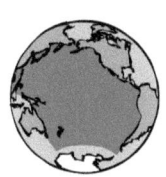

Ramusis vandenynas

Тихий океан

Indijos vandenynas

Індійський океан

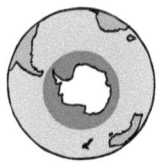

Pietų vandenynas

Антарктичний океан

Arkties vandenynas

Північний Льодовитий
океан

Šiaurės ašigalis

Північний полюс

Pietų ašigalis

Південний полюс

Antarktida

Антарктика

Žemė

Земля

sausuma

суша

jūra

море

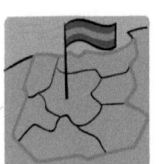

sala

острів

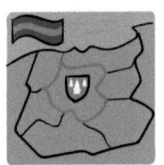

tauta

нація

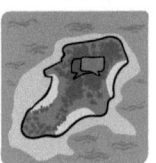

valstybė

держава

ciferblatas

циферблат

valandinė rodyklė

годинникова стрілка

minutinė rodyklė

хвилинна стрілка

sekundinė rodyklė

секундна стрілка

Kiek valandų?

Котра година?

diena

день

laikas

час

dabar

зараз

skaitmeninis laikrodis

цифровий годинник

minutė

хвилина

valanda

година

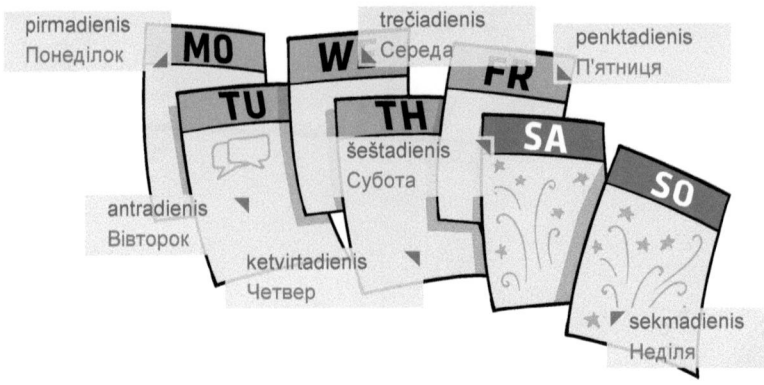

pirmadienis
Понеділок

trečiadienis
Середа

penktadienis
П'ятниця

šeštadienis
Субота

antradienis
Вівторок

ketvirtadienis
Четвер

sekmadienis
Неділя

vakar

вчора

šiandien

сьогодні

rytoj

завтра

rytas

ранок

vidurdienis

опівдні

vakaras

вечір

darbo dienos

робочі дні

savaitgalis

кінець робочого тижня

metai

рік

lietus
дощ
vaivorykštė
веселка
vėjas
вітер
sniegas
сніг
pavasaris
весна
vasara
літо
ruduo
осінь
žiema
зима

4.APRIL 11°
5.APRIL 4°
6.APRIL 13°
7.APRIL 8°
8.APRIL 10°

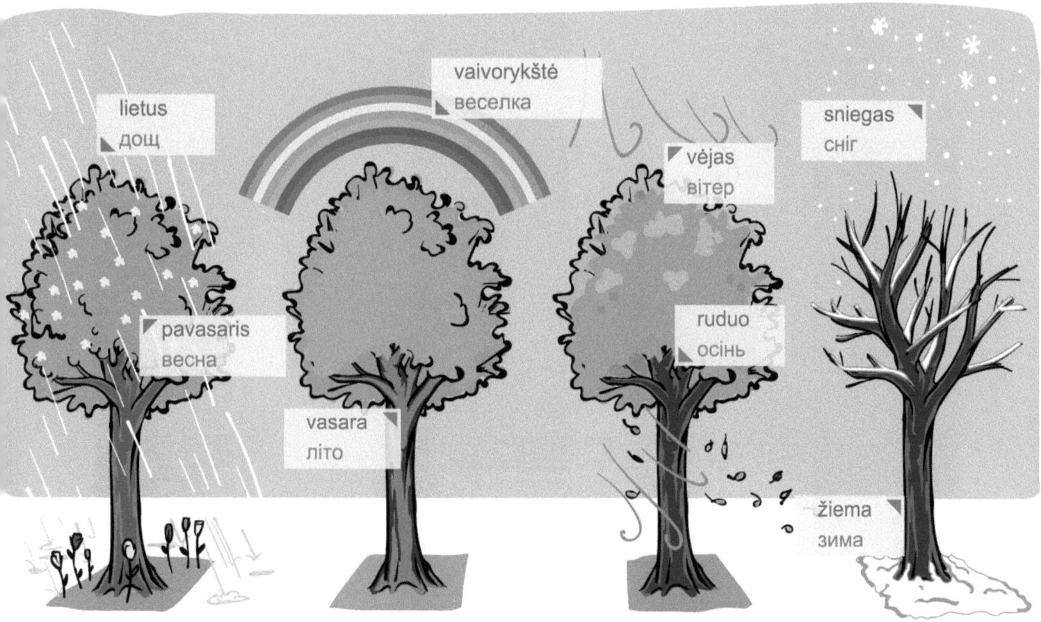

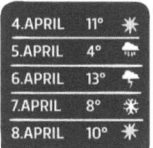

orų prognozė

прогноз погоди

F
C
120
90
60
30
0
-30
40
30
20
10
0
-10
-20

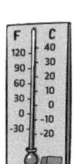

lauko termometras

термометр

saulės šviesa

сонячне світло

debesis

хмара

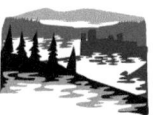

rūkas

туман

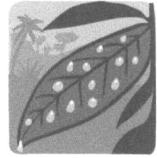

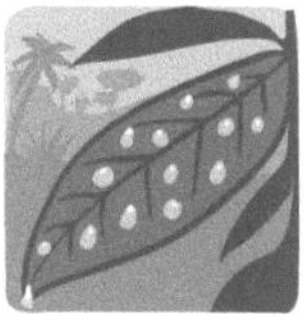

drėgmė

вологість повітря

žaibas

блискавка

griaustinis

грім

audra

шторм

kruša

град

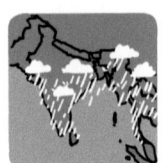

musonas

мусон

potvynis

повінь

ledas

лід

sausis

Січень

vasaris

Лютий

kovas

Березень

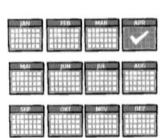

balandis

Квітень

gegužė

Травень

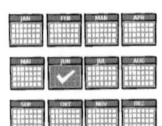

birželis

Червень

liepa

Липень

rugpjūtis

Серпень

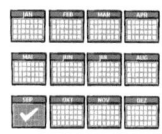

rugsėjis
....
Вересень

spalis
....
Жовтень

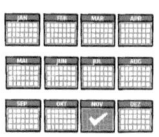

lapkritis
....
Листопад

gruodis
....
Грудень

formos

форми

apskritimas
....
круг

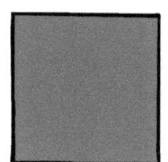

kvadratas
....
квадрат

stačiakampis
....
прямокутник

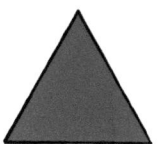

trikampis
....
трикутник

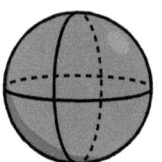

sfera
....
куля

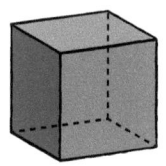

kubas
....
куб

balta

білий

geltona

жовтий

oranžinė

помаранчевий

rožinė

рожевий

raudona

червоний

violetinė

фіолетовий

mėlyna

синій

žalia

зелений

ruda

коричневий

pilka

сірий

juoda

чорний

daug / mažai

багато / мало

piktas / ramus

лютий / мирний

gražus / bjaurus

гарний / бридкий

pradžia / pabaiga

початок / кінець

didelis / mažas

великий / малий

šviesus / tamsus

світлий / темний

brolis / sesuo

брат / сестра

švarus / purvinas

чистий / брудний

užbaigtas / neužbaigtas

завершений /
незавершений

diena / naktis

день / ніч

miręs / gyvas

мертвий / живий

platus / siauras

широкий / вузький

valgomas / nevalgomas

їстівний / неїстівний

piktas / malonus

злий / дружній

linksmas / nuobodus

збуджений / нудьгуючий

storas / plonas

товстий / тонкий

pirmiausia / paskiausia

спочатку / востаннє

draugas / priešas

друг / ворог

pilnas / tuščias

повний / порожній

kietas / minkštas

жорсткий / м'який

sunkus / lengvas

важкий / легкий

alkis / troškulys

голод / спрага

ligotas / sveikas

хворий / здоровий

nelegalus / legalus

незаконний / законний

protingas / kvailas

розумний / дурний

kairė / dešinė

вліво / вправо

arti / toli

поруч / далеко

naujas / naudotas

новий / використаний

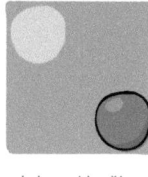

niekas / kažkas

нічого / щось

senas / jaunas

старий / молодий

įjungta / išjungta

вкл / викл

atidaryta / uždaryta

відкрито / закрито

tylus / garsus

тихо / гучно

turtingas / vargšas

багатий / бідний

teisus / neteisus

правильно / неправильно

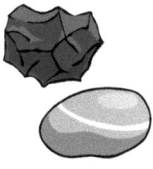

šiurkštus / švelnus

шорсткий / гладкий

liūdnas / laimingas

сумний / щасливий

trumpas / ilgas

короткий / довгий

lėtas / greitas

повільно / швидко

drėgnas / sausas

вологий / сухий

šiltas / šaltas

гарячий / холодний

karas / taika

війна / мир

0

nulis

нуль

1

vienas

один

2

du

два

3

trys

три

4

keturi

чотири

5

penki

п'ять

6

šeši

шість

7

septyni

сім

8

aštuoni

вісім

9

devyni

дев'ять

10

dešimt

десять

11

vienuolika

одинадцять

12

dvylika

дванадцять

13

trylika

тринадцять

14

keturiolika

чотирнадцять

15

penkiolika

п'ятнадцять

16

šešiolika

шістнадцять

17

septyniolika

сімнадцять

18

aštuoniolika

вісімнадцять

19

devyniolika

дев'ятнадцять

20

dvidešimt

двадцять

100

šimtas

сто

1.000

tūkstantis

тисяча

1.000.000

milijonas

мільйон

anglų

англійська

amerikiečių anglų

американська англійська

kinų (mandarinų)

китайська
високочиновницька

hindi

хінді

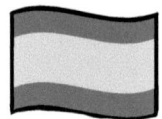

ispanų

іспанська

prancūzų

французька

arabų

арабська

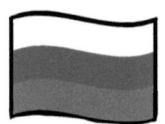

rusų

російська

portugalų

португальська

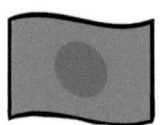

bengalų

бенгальська

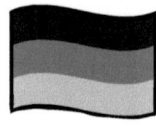

vokiečių

німецька

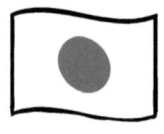

japonų

японська

aš

я

tu

ти

jis / ji

він / вона / воно

mes

ми

jūs

ви

jie

вони

kas?

хто?

ką?

що?

kaip?

як?

kur?

де?

kada?

коли?

vardas

ім'я

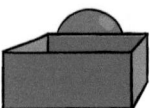

už
....
ззаду

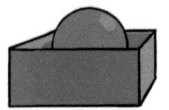

kur (vieta)
....
в

priešais
....
перед

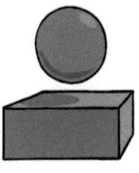

virš
....
над

ant
....
на

po
....
під

prie
....
біля

tarp
....
між

vieta
....
місце